JN437478

내 책상에는 옹이가 많다

박용섭 시집

산과들

시인 **박 용 섭**

- 강원도 삼척시 노곡면 주지리 248번지 출생
- 한국통합논술지도자 교육협회 문예창작 이수
- 건국대학교 미래지식교육원 문예창작 지도자 이수
- 월간 <좋은 문학> 신인상 수상
- 부천작가회의, 부천시인협회 회원
- 복사골문학회 소향 시동인 회장
- 제 21회 부천시민 시조백일장 장원
- 제 15회 경기노동 문화예술제 시 부문 금상
- 제 30회 전국근로자 문화예술제 수필부문 은상
- 2017년 부천시 문화예술발전기금 수혜
- E-mail　pys50000@hanmail.net

시인의 말

삶에는 고통이 있어도

가을이 되면 고향에서는 장대로 대추나무가 꺾이도록 두드린다. 모진 비바람 불어치는 다음해 튼실한 열매를 많이 맺게 하기 위해서이다. 서릿발 세운 청보리 밭을 꼭꼭 밟는 것도 뿌리 실하게 내리라는 농부의 마음이다.

닭과 독수리는 날개를 가진 새이다. 그러나 하나는 울타리 안 땅바닥에 길들어 살아가고, 하나는 천 길 낭떠러지에 가시를 물어다 집을 짓는다. 그리고 새끼를 낳아 하루에 수십 번씩 고공낙하 훈련을 시키며 어렵고 힘들게 사는 학습을 한다.

삶에는 고통이 있어도 고통을 이겨내는 방법이 있다. 그러기에 문학도로서 새로운 길을 가면서 평생 학습의 초심을 잃지 않을 것이다.

항상 곁에서 채찍질하며 가르쳐주시는 구자룡, 박수호, 선생님과 구미리내 박사님. 복사골문학회 회원 여러분, 그리고 오늘이 있기까지 사랑의 마음으로 지원해준 아내와 가족 모두에게도 고마움을 전한다.

2017. 10.

박용섭

가족사진 <p60쪽 참조>

차 례

2부 동트는 새벽

3부 길 내는 법

4부 벽에 기대어

5부 도롱뇽은 거기에 산다

해설

제 1부

내 책상에는 옹이가 많다

처방전

시간 정해서
약 드세요
효과도 없는데
그런 말씀 하지 마시고

마지막 처방전입니다
만병통치약

웃으세요! 성내지 말고
화가 나도 웃고 누가 욕해도, 여름에도 웃고 겨울에도
하하하 해해해 호호호 하하 핫

영혼과 맘 육체가
좋아하는 웃음
오래 아주 오래 건강하시려면
처방전대로 하세요.

유희遊戲의 상상
— 샤워하는 여인

그날이 비상飛上이 아닐까
가슴의 간헐천에는 밤과 낮이 번갈아
불꽃놀이 재주를 넘는다
아치형 무지개 좌우측간격 촘촘한 미로
펌프질하는 심장이 그 사이에 고동치고

꽤 시끄러운 소음이다!
위층에 내가 살아요, 그대 톡 볼가진 젖꼭지
거칠게 파닥이다 날아오른다.
뽀얀 틈사이로 샤워 상상을 자극해요
우뇌를 또 자극한다
우리는 위 아래층 번갈아 구름을 타고

입술이 백파이프 연주를 하며 손으로 밑그림 그리면
발가락이 춤춘다
단원檀園의 그림 참 다양하다
공중제비 하는 것은 더 화려한 추세다
색색거리며
머리에 흰 뿌리가 서는 것은
옛날이나 지금도 같아요

누드그림 길게 보면 시력이 늙는다
나는 꿈에 바알간 사과를 상상해요.

묵상

바다로 가는 유빙의 시간 추리는 불가능하다

손발이 하늘 향하는 묵상
오래된 원년元年을 엿듣는 시작이다
마룻바닥에 엎드린 늙은이의 체온을 맞춘다
정적으로 흐르는 냉기가
문수보살 무한도량을 쳐다본다

낯선 상상이
바다는 깊은 골짝에 숲을 이루고 뭇 생명을 키워내는데
파도는 거세게 때론 더 거칠게 죽비 치며
깨달음 얻지 못한 갯바위 돌머리
잠, 시간도 쉼 없이 두들기며
불법佛法 만나기 어려우니
헛세월 말고 깨어 있으라고
정진精進하라고

표류의 시간을 지나
서로 닮아 있는 만큼 비슷해진 열기

불완전 속에 살던 불법이 항해를 떠난다
또다시 누군가
꿇어앉는다.

노숙자

한때는 수출 메달 목에 걸었다
철 따라 꽃이 피는 줄 알았지
겨울에도 비가 내린다
눈이 되려다 실패한 서러운 눈물
하얀 꽃을 피우려고 겨울에 내렸지만 역부족이다
힘 다해, 노력의 한계에도
꿈이 이루어지지 않을 때
왈칵 쏟아지는 눈물을 안고 있다

누군들 실패 한 번쯤 안 해본 사람 있겠소
넘어지고 일어서고 쓰러지고 일어나고
눈물도 때론 꽃피게 하는 밑거름 되지

얼룩진 찬 빗방울 실개천에 닿아
응고되어가는 피로 흘러, 가장 낮은 자리
언젠가는 다시 올라
시리도록 하얀 눈꽃을 피우고 싶다

뼈가 아프지만
박스보료에 신문지 이불 덮고 자도
남보다 일찍 깨어 또 다른 꿈으로
기지개를 켠다.

음복

형님 기억하시오?
어딘가 모르게 권력의 힘 같은 것
봄은 늘 쌀쌀해 꽃은 조금 보았고
시간은 해가 짧았지요

몇 달의 서울 생활이 눈 트여
잡초도 겨우 자라는 좁디좁은 푸른 골목에
하얀 맘보바지!
굵은 빗줄기 온몸으로 맞고 들어오던 날
형님의 어깨 위에 있어야 할 빗방울은
온데간데없어
그 모습을 가만히 보며 이런 생각을 했다오
우리 형님이 탤런트가 되려나 보다

바랭이 뿌리 잡고 애간장 녹는다던 어매
뼛골 빠진다던 아버지는
사랑방에 훈장의 선창 따라 글 읽는 소리에
시름 잊으시고 장남만 공부시키던 보람은
집안 꾸리라는 유지維持
아버지가 지키던 유교는

떼 갈까마귀 불충한 동생이 실어왔지만
문맹의 효는 아버지도 호롱불 아래서 독학으로
축문을 지어 왔지만
글 배운 형은 지방 쓰기도 힘겨워하셨지요

한 고을 흉흉하던 때 봉분 찾아 제문 지어
상소 올린 낙촌 할아버님
충효덕목 행서체로 반야심경 예서체 병풍 두르고
정월 스무여드레
아버지 오시는 날
아우 잔 받으시오
음복주라도 한잔합시다

어머니 발

자벌레 집터 닦을 때부터
모종하고 돌아오는 길
호미를 냇물에 씻으며 발을 담근다
왜 하늘이 멀리 있다 하나 이렇게 가까이 있는데
비 그쳤나 쳐다보면 내 몸이 하늘이 된다

산에서 돌아오던 소가 도랑물 마실 때
어머니의 힘든 노동으로 가족을 걱정할 때
늘상 발이 뜨겁다 하셨다
소고삐를 놓고
발을 씻겨드리겠다고 하자
수줍어하신다!

바윗돌에 걸터앉아
가재 새끼 꼬물대는 웅덩이에
발을 담갔다
오른손으로 조심스럽게 발을 잡아보았다
태어나서 처음으로
보드라운 내 발과 다르게 느껴져 울컥한다

앙상한 발등이 나무껍질처럼 보였다
검정고무신 너덜대도 오일장 못 가면
맨발로 밭일을 가신다

물레 가락 실꾸리처럼 자식 위해
감고 또 참고 열나는 발
자주 씻겨드려야 하겠다
나를 깨워 약속해본다.

내 책상에는 옹이가 많다

첫닭이 홰를 치면 사랑방에는 훈장 기침 소리에
글 읽는 소리가 난다
그 시간 나는 산으로 나무하러 간다
옹이가 주인인 셈이다 삭정이

책상 앞에 앉을 때마다 저절로 손이 가는 시집이나 옥편
그 속에 치열한 지식
죽는 한이 있어도 그길로 간다고
천둥도 벼락도 살아가는 날이라며
책을 베고 선잠으로 보낸 시간들

그럼에
아슬한 단단한 원목
시인의 책상이 되어도 옹이가 있다
상처가 특별한 멋이 되는
묵묵한 무늬를 한없이 보다가
열 손가락 지문을 내려다보았다

어느 날까지는 문학도 서예도
무늬인 줄 몰랐다
돌고 도는 관성의 메아리
세상에는 옹이가 많다
옹이가 주인이다.

나는 괜찮다

기술을 배우고 싶었다
면접관이 학교는? 예 초등학교 졸업했습니다
시골에서 농사나 짓지
못 배운 분노가 머리끝까지 확 치민다
형편이 안 되어 못 배웠지 나쁜 인간들

그날 동생 둘 앞세우고 아버지가 시골에서 서울 쪽방에 오셨다
고양이처럼 살고 있을 때
방문은 잠겨있고 나는 열쇠가 없다
벽돌담 밑에서 뼈아픈 이야기를 들이댔다
소학은 못 배워도 천자문 한 권만 배우게 해달라고 애원했잖아요
남들처럼 해주지도 못하면서 아홉 명이나 낳으셨어요?

그날 펑펑 우셨다
미안하다 잘 가르치지 못해서 식구는 늘고,

허리끈 전대서 돈 오천 원을 주시며 이것으로 어찌 해봐라
어제 일찍 죽 한 그릇 저녁으로 뜨시고
밤 열차로 고민 걱정으로 잠 설치고 온 시간 오후다
막걸리 한 잔만 드시지요
나는 괜찮다 동상들 국시나 한 그릇 사 먹여라

손사래 치며 돌아서는 어깨가 서럽게 우시는 모습이다
늙어 보이신다
평생 땀 냄새만 지고 사시는 저렇게
불쌍한 아버지에게
왜 내가 가슴 아프게 했을까

쌍촛대바위

희디흰 순수가
물결에 떠내려오면서
씻기고 모이고 쌓여 백사장이 되었다.
폭풍우 휘몰아치는 캄캄한 밤일수록
뱃길 불 밝히는 등대를 찾아 헤맨다

등댓불도 꺼져버린
바닷가에 발가벗고 서 있네
맨살 부비며 천 년을 그 자리
어둠 밝히는 촛대바위
비바람 불어와도
풍랑이 몰아쳐도

누구를 기다리며 수평선 바라보는가
칠흑의 밤 혼자는 너무 외로워
둘이서 가슴 부비며
잦아지는 한 쌍

세상 어두워 희망 안 보여도
뜨거운 가슴 불 질러
암흑의 세월 밝히는 나는
쌍촛대바위

소 발자국에 핀 꽃

슬픔이거든 시의 첫 줄로 쓰고
기쁨이거든 이른 봄 홀로 핀 꽃처럼

지난 늦가을 천리향 만지작거리다 온
남풍같이 향기롭게 필 수 있는 것은
허리 휘도록 진 등짐 내려놓음이다

하다만 생각을 비우고
속마음 열어 눈물과 미소를 넘는
텅 빈 초심을 찾아야
나를 사랑할 수 있다

토네이도보다 강한 루사 태풍 때
능선이 아름드리 소나무 수백 그루
껴안고 무너지던 날
칠대 조부 무덤 상석까지 무너져

산소 가는 길은 내 어릴 적 꿈을 키우던 곳
자드락 언덕에 새끼밴 소들이 빙빙 돌며
참 알뜰히 뜯어먹었다
그렇게 짓밟힌 굳은 땅에 강철 새잎 솟아

꽃 핀다

난지도
— 노을공원

코를 막고 먼 길 돌았다
육백 밀리 두께로 흙을 덮고
배수가 잘되는 부직포를 두 겹 깔아
오늘은 가슴 열고 뛰어본다
오염된 땅 잠 못 이루고 뒤척이던 강 언덕
글로벌 꽃이 피었다

온갖 새들 짝지어 보금자리 꾸미고
어둠 밝히려 나
낮달 하얀 가운 입고 풀숲을 진찰한다
자작나무 히디 흰 가지에
줄 거미 대들보 한 가닥 홰를 걸고 있다

김포대교 아래 내일 준비하는 불꽃으로
저녁노을 유빙처럼 반짝거린다
울퉁불퉁 자드락길 따라
짜작짜작 기어오른다
강바람도 서둘러 따라나서며
아룽아룽
대금 연주 한다.

눈 산에 새긴 글

메말랐던 그리움이
화선지 위에 점점이 새겨진 글씨
상형 문자들

무슨 의미일까
구름의 입김으로 새긴 언어
무언의 교훈
낭떠러지 아슬하다

읽을 수 없이 눈 산에 새겨두었네
마지막 아버지의 부탁
외롭게 서 있는 소나무처럼
강직하라시던 유언장

풀어져 있던 마음이
순간 팽팽해진다
지금도 푸르게 내 안에 서 있다

제 2부

동트는 새벽

동트는 새벽 1
— 성골

심마니도 다닐 수 없는
험준하지만 아름다운 골에 살고 있는
성인은

남의 허물을
보지 않으려 한다

혹 보더라도 마음에는
담아두지 않고
겉치레로 꾸미며 살지 않을 것이고
깊은 곳에 진실이 있기에

죽을 때까지
공부하겠다
성인의 길 가려고

동트는 새벽 2
─ 된 산 골

아버지는

화전 일궈 농사지을 때
허기진 삶을 싸리나무 껍질로
허리띠 동여도
아무리 힘들어도 혼자가 아니다
박 넝쿨 조롱박 같은 자식들

산 더덕 향기
봄을 여는 우주의
새싹이다

꽃이 아름다운 것은
꽃대
받치고 있는

푸른 잎이 너풀대고
있기
때문이다.

동트는 새벽 3
― 너럭바위골

멍석딸기
활엽수 덩굴이다
가을 고추멍석처럼 빨갛다
잎은 끝으로 세 개, 간혹 다섯 개도 있고
줄기에는 가시가 촘촘하지만

딸기 송이는 대가족이다 제일 큰 어른이 익으면 조롱조롱
황색을 지나 순서 따라 영글면
송구 해 먹던 시절
허기 면하니

할머니도 생각나고 외할아버지도
떡갈잎 고깔 만들어 잘 익은 것만 골라 따서
맛있게 잡수실 할머니를 생각하며
큰 거랑 건너 외가댁 가니

외할아버지가
야가 어른스럽네.

동트는 새벽 4
— 안개골

바위가 가파른 나무 아래
속 빈 고목을 잘라 벌통을 만들어
뚜껑 둘레는 소똥을 바르고
아랫구멍
말벌이 못 들어가게 작은 구멍 세 개

빈 통에 든 벌이 백 가구로 분봉해
안개골 부자다
여름내 벌들이 지고이고 온 꿀이 차면
가을 중순에 단 한 번 채취
내명부 상궁이 확인, 밀랍으로 밀봉
그것이 토종이다

예전은 겨울양식을 꿀을 그냥 두었는데
언제부터인가 설탕물로 대체
인간이 약탈자
안개 속 주인 맘대로 하는 것은
자연에 고통을 주는 일

시중에는 귀한 토종꿀이 많다
강물 팔아먹은 김선달이 학을 떼고
갈 노릇이다.

동트는 새벽 5
— 절골

가자 피안의 언덕으로
갈피 속에는 지식이 살고
자연 갈피 속에는 지혜가 들어있다는 말처럼
숲속 세상 속으로
은빛 달물 한 모금 물고가는 구름
바람이 달빛을 털고

고요하다는 깊은 산중에
한지 세상 눈 위로 삼경의 달빛이 내려오니
대숲을 만지는 바람이
세상 등지고 가려는 길손의 심정을 알았는지
숨죽여 속살거리고

먼 길 돌아 산을 넘어
따스한 그대 마음이
소중하고 고마워 갈피를 세워
내 옆에 앉혀놓고

참 진리 깨어가는
산사의 경소리.

동트는 새벽 6
— 산제단골

산작약 꽃이 병풍이다

봄을 천 번이나 맞은

저 엄나무

봄바람에 간지럼 타는 것을 보니

가슴이 설레나보다

툭

젖꼭지 볼가진다.

동트는 새벽 7
— 절터골

중소沼에 빠진 스님은

세상사

일체유심조一切唯心造

얼마나 가야 닿을 수 있을까

마음먹기 따라 행복이라지만

마음은 솔나무가 되었는데

몸에는

왜

송진내 나지 않을까.

동트는 새벽 8
— 물푸레골

도리깨 살로
누구라도 아름다운 인사
운명은 다른 길을 만들 수도 있지만

숙명으로 살아온
열정의 꽃

아버지 손때 묻은 도리깨 살

할 일 다 하고 떠나는
고운 마음
웃는 모습

단풍!

동트는 새벽 9
ㅡ 노장골

범속한 사람은 연설문을 읽을 때 목에 걸린 듯 더듬거리고
욕심이 많으면 정신 기능도
기뻐할 줄 모르며
곡식 한 알에 그 진리가 있다

다른 집보다
굵은 감자만 캐서
바소쿠리 넘치도록 지게 짐
혀를 물고 내려오는 노대 아재

큰 바위 사이로
늙은 고목,

저 나무는
세월이 구부정하네.

동트는 새벽 10
― 막두골

하늘이 넓어 생각이 깊다
땅두릅 뿌리
코끼리 앞다리처럼 서 있다

두려워할 거야 없지
약이 된다 하여 뿌리를 더 깊게 내릴 뿐이지
벼랑에
솔처럼 푸른 전나무야

태풍이 아무리 거세도
바위도 뿌리가 있다

지구를 날릴 수는 없지.

동트는 새벽 11
— 곳집골

나는 초등학교 졸업 나이에도
이불에 지도를 그리는 날이 있었고
어린 나이에 늙어버렸다

자다 한밤중에 귀신이 보였다
식은땀을 흘리며 소리 지르면
아버지는 놀래서 속옷 바람에
도끼를 찾아 가운데 방 문지방 아래 놓고
이느무 귀신 다시 와 봐라 찍어 죽이겠다
안심하고 자라

다음날 대낮에도 장닭과 도끼도 내 무서움을 덜어주지 못했다
그 귀신이 도망간 것은
할머니 밥상에 겸상으로
밥을
굶지 않을 때였다

하루 두 끼 먹을 때였다
며칠만 굶으면
귀신이 보인다.

동트는 새벽 12
— 범택골

높은 산

산에는 알지 못할 무언가가 있다
햇빛이 고목나무 밑동까지 밝아도

범바위골 오를 수 없다
산삼이
밭으로 널려있다 해도

나무가 알지 못하게 자라고
흙도 알지 못하게 숨을 쉰다

호랑이 잠든 바위 아래
길섶으로
삼지구엽초 아름아름 안고
머리털이 서고 등골에
식은땀 흘리며 내려와

높은 산
올려다보면
알지 못하게 산은 모두를
품고 있다.

동트는 새벽 13
— 장재골

아버지 어깨가 참나무 껍질 같다
앞산 느릅나무 뿌리만큼 깊은 가난
양지골 마늘잎 파릇한 고갯길
칡뿌리 지고 오시던 지게 목이 무겁다

부자는 백 년의 엄나무
검은 그루터기
맑은 날 흐느끼는 청개구리 울음소리가
너의 큰 욕심 쇠했구나

한 치 앞날 모르는데
흐른 세월 누가 쫓을까
영원한 부자는 없다지

산비탈 곧은 나무도 도낏자루 되면
스스로 나무를 자르고
쑥 더미
구덩이는
불길을 불러들여 스스로
제 몸을 태운다.

동트는 새벽 14
— 서낭골

성황당 문을 열면
범도 있고 선비도 있다

타향도 정들면
본향이
되겠지만

돌아갈 수
있는
곳이 있다는 거
얼마나 좋은가

이렇게 큰 정원에 풀처럼 살다 가니
꽃길은
가로수를 업고

마음의 태를 벗어
간절한 소원 빌며
해를 따라 쓸고 간다.

동트는 새벽 15
— 복구골

참매미 소리 누울 때 그늘아래
달디달고 짧은 잠에서 깨어나던 그 여름
폭염

바삐 흐르는 물 보면
조밭 매던 일 서둘러지고 땅거미 내리면 남자만 가는 복구골
황토 먼지 등골에 켜켜이
물줄기 눈길 끝으로 따라간다
지게 등짝 죽비 자국 선명한 어깨허리
피멍 든 몸
삼복 날 폭포 맞으면 치유된다고

가락지바위에 앉아
쿵쿵 쏟아지는 폭포
갑자기 그대가 보고 싶어진다!
때때로 삶의 전부를 떠받치고 있는
눈에 익은 산길 봇도랑 길 에돌아
집으로 오면

지친 몸은 생기가 돈다
언젠가 어쩌다 같은 온도로
물처럼 포개진다면.

제 3부

길 내는 법

사람으로 만나는 숲

살아온 날 속엔 못 볼 꼴도 많으니
멀리 보라 한다
풍요롭다고

찌든 맘 숲이 불러 산에 간다
울적해도
피곤해도
나무는 늙어도 산소를 낳고
척박해도 새싹을 틔운다
나무와 만나서 즐기는 숲에는

한 몸으로 얽힌 연리지
눈물겨운 만남이다
쏟아지는 햇살로 목욕하는 그 나무 우듬지 앉은
까만 직박구리 새 호올딱 벗고
호~올딱 벗고

많이 지고 올수록 헐렁한 숲
나는 나무와 만나야
마음 편하다.

그때 아버지는

먹물 뿌린 밤눈이 내렸다
도랑도 지워지고 돌다리도 지워지고
들어갈 곳도 나갈 곳도 사라졌다
깜부기 호롱불이 꺼지면 문살 흔드는 눈바람이
지난봄 목동의 풀피리 소리처럼 창호지를 울린다

새벽부터 아버지는
너와 지붕 용마루가 들썩거리는 외양간
죽데기 판자 구멍을 쇠똥으로 메우며
바닥에는 마른 갈잎을 깔고
보릿겨에 콩깍지 듬뿍 올린 여물을 퍼주신다
쉴 때 잘 먹어
얼음 기둥이 곤두선 계절이 가고
두엄자리 옆에 매어진 소등을 싸리비로 쓸며
비가 오면 내일이라도 봄 일을 시작해야지
그날 밤
버드나무 바위틈에 마르지 않는 샘처럼
추녀를 적신다

뿌리를 꼬옥 숨기고 있는 청보리밭 너머 감자밭에 동이 트자
망태기를 등에 얹은 어미 소 걸음에
젖 거품을 물고 송아지 따른다
사래 긴 돌밭이 떠나가도록 이랴랴랴
이따금 돌아보며 어미가 자식 찾는 소리에
이른 봄 아지랑이가 활처럼 휘어진다
애기 소 칭얼대는 밭고랑에
아버지도 등이 굽도록 허기가 진다

풍년 되라고 하얀 설탕 눈이 내렸다.

흑백사진

산골 아이 꿈은 왕이 되는 것이었다
밥 세 끼 공부할 형편도 안 되는데 꿈은 야물딱졌다
일기 노트 두 권 들고 서울에 상경하여

부잣집 개밥을 보고 침을 삼키며 뛰었다
잠자는 밤은 없어도 되지
쉶다 쉶다 해도 배고픈 서러움이 제일 크지
이틀만 굶어봐 하늘이 노랗다니까!
아니야 집 없는 설움 겪어나 봤어
오갈 데 없을 때 기차역은 호텔이지
어물시장 쓰레기통에 가마니 두 장 깔고
신문지고깔 만들어 코에 박고 잠들면
생선 뼈 썩는 온기 참 따뜻했지

거여동에 게딱지 집 하나 소방도로 뚫리며
주공아파트 한 채 생겼다
복덕방 늙은이
자네 성공했네 불알만 차고 와서 군에 가기 전에

어제도 꿈을 꿨다 왕이 되면 충신이 많은 나라 세워야지
새벽에 출근해 잔업하고 퇴근하여
철학을 배우고 진리를 캔다
또 새벽이 왔구나
흑백사진 지금의 꿈
시인이 되는 것이다.

메밀꽃은 피지 않았다

봄 가뭄 걱정하시던 아버지는
삼 년 된 묵정밭에 불을 놓았다

홍학 다리처럼 붉은 대궁이 실하게 자라는
골 안 자드락 돌밭에
솥 봉긋 솥 봉긋 소쩍새 우는 소리에
메밀 대가 웃자란다.

가뭄을 억누르고 촘촘히 뻗어가는 새순
거친 땅에서
가난을 부둥켜안고 살았던
비탈진 고랑
해가 꼴딱 넘어가도록 허리 펼 새 없이
고난의 무게만큼 가난을 받쳐주던 검정 메밀 알

달빛에
망태기 진 아버지
땀으로 얼룩진 모습
그렁그렁
보인다

산불 무서워 눅진한 초여름
베적삼 검댕이 물들인
괭이자루 허기진다.

운필運筆

가뭄이 길었던 해
아버지 가슴도 논바닥처럼 타고 있었다
비단실 같은 빗줄기 촉촉하니

쟁기를 지고 멍에 메워 큰 소를 앞세우고
논으로 가신다
쉬는 시간이 되면 농주 한 사발
소에게 먼저 권하며

힘들지

해 그림자에 비치는
논고랑은
예서체를 펼쳐놓은 것 같다

모를 심는 것은 내 몫이 아닌 것을
눈물이라도 찔끔 고이면
행서체로 내가
써레질해야지.

쭉정이도 쌀이다

탈곡 한 알 가출할까
멍석 병풍 두르고
콩이나 밭은 낟알 줍지만
조며 수수는 풍차 없던 시절

왕골자리 반으로 접어
무릎과 무릎 사이 꼬옥 끼우고
학이 날 듯 파닥이면 떨어지는 무게 따라
서열로 쌓인다

기와집 가마니에 들지 못한
노숙자 같은 북데기도
헛간 보리수 아래 깨달음 얻으면
못 자국 눈물로 다시 설 수 있지

눈 산이 된 초가지붕 아래
닭 모이다
쭉정이도 쌀이다

내 반쪽

병상에 누워 창밖 숲을 보고 꽃을 봐도
아름답게 보이지 않는다
사계절 변하지 않은 입맛이
먹고 싶은 것이 별로 없다

아내는 고로켓 빵을 사 왔다
메추리알 반숙으로 쏘스를 부어왔다
간고등어 노릇노릇 구워 와서 병원 밥은 싱겁지
침상식탁에 앉아 이것 드시고
요것도!

다음날 한 마리 만 칠천 원한다는
간장게장을 다섯 마리나 사 왔다
노오란 게장

혀 밑에 숨어있던
입맛이 쏘옥 올라왔다
당신은 내 몸이야

벌들의 기도

꿀 한 방울 얻기 위해 만 송이 꽃을 찾아다니며
중매도 하고 산파도 한다
수술에 하얀 분가루 암술 자궁에

꽃나무 시집장가 보내달라고 안달이다
나만 편한 문명
전자파에 길을 잃어 제갈 곳을 잃었다

불빛 소음에 잠 못 드는 밤
산중에는 제초제 안갯길 나서면 매연 구름
지친 몸 꿀통지고 들국이 지천으로 핀 곳이면

콩밭 이랑에 잠자던 반딧불 밤하늘 수놓고
논 이랑에 뜸부기 밤 온다 알리면
접동새 풍년들라고 솥 봉긋 우는 마을

애타게 찾으며
산 넘어 싸리밭
지워지는 고향을 찾아
엉엉 울고 있다

길 내는 법

가슴이 울컥 뜨거운 눈물 핑 괴일 때
스스로 낯이 붉도록 부끄러운 일도
나를 지키기 위한 의무와 어리석음에
가위눌려 죽을 수도

고개를 들고 높은 곳을 향해
군복무시절 제대만 하면 세상을 제패할 수 있다는 생각이
보이지 않은 미래의 길도 뚫을 수 있다

제일 높은 빌딩을 짓고 절망에 지친 일생을 부둥켜 안으리
따습게 데워야 할 장작 한 토막 없어도
저어 북풍을 뚫고 갈 수 있다

길이 막히면 어차피 잘못 든 길 버리고
무모하게 빛났던 들끓음 재를 넘는 길인가
또 한고비 신기루처럼 흔들리는
능선이 긴 산맥도 가늠할 만큼 나이 들어 지맥을 찾을 때

내 속의 윗목이 냉골인, 냉골인 길을
희망이라 생각할 때 탑을 쌓는다
하늘땅의 길 사막의 안개 속 길을 내면
지도가 된다!

초심

도를 닦으면 참을 수 있을까
마루보다 방이 더 냉골이다
참선을 위해 불을 피워야지

한밤중에
마당에는 아무리 찾아봐도 땔감이 없다
단하선사丹霞禪師는 법당에 불상을 모시고 나왔다

도끼 소리에 주지승이 소리치며
부처님을 땔감으로 쓰는 놈이 있나
불을 피우기 위해서가 아니라 화장을 하는 중이요

사리를 찾으려고
나무에서 사리가 나온단 말이냐
그 중요한 것이 없는데도 부처요

금으로 만들어도 용광로를 이길 수 없고
흙으로 빚어도 물을 이기지 못하니
진리를 깨우치려는 불자의

마음속에는
돌부처 아래

백팔 배를 하고 있다.

붓

불평불만 없이 일을 합니다
내가 태어날 때부터 주어진 업보인지도
손발이 닳아 뭉그러질 때까지
주인이 시키는 일을 해야 나의 일생이
무덤 없이 끝나는 것

펼치고 싶다
갱도로 내려가는 광차 도르래 외가닥 희망
천길 어둠에도 석탄 아닌 황금도 안고
세상 밖으로 오르는 꿈

석탄차 타고 새벽 내린 서울
벼루처럼 까만 루핑지붕 아래 겨울은
레일토막 덥혀 발아래 두고 잘 때
황모 붓, 털옷이 부러웠던 시절 인조가죽 가방끈
재봉틀 작업으로 한 획을 세웁니다

한 귀결
차돌같이 단단했던 그 속마음 풀리길
침묵의 빛으로 아름다워지고
명필보다 달필로 살고 싶다.

빈집

왕래가 뜸한 갈나무 숲길 능참봉의 집
용마루 기왓장 깨진 틈으로 검버섯이 핀 추녀에
팔 점박이 거미가 집을 짓고
구멍 숭숭 뚫린 서까래가 지붕 떠받치며
무거운 세월을 지탱하고 있다

능지기 없는 빈자리 키우는 날들을
쓰러지지 않고 버티는 것은
아직
왕이 부르면 봉사할 지식을 자연에서 배우나보다

초롱꽃 흐드러진 마당에
멧새, 산비둘기가 옮겨 심었는지
산삼 한 뿌리도 누군가를 기다리며
활짝 꽃피운 접시꽃 대가
어딘가를 향해 키를 세우고

한쪽 팔이 꺾인 모과나무
먹구름 지나간 길을

청렴은,
대를 이으리라
목을 빼 기다리고 있다

화분받침대

다 말할 수 있는 사실보다
말 못할 진실이 더 많은 것은 고단한 속마음
양수가 터지기 전 인고의 시간이다
날개 없이도 날 수 있기를 바라시던 어머니
지느러미가 없이도 바다를 유영하기를 뒷바라지
한다

반그늘 아래 싱싱한 설란雪蘭으로 성인을 키운다
탯줄 자르고 독립된 생명으로
살다가 어려울 때 언제나 먼저
힘겹게 떠받치던

폭염이 기승을 부리던 더위가
체온계를 기어오를 때도 보석처럼 빛나라고
적금통장 가뭄에
밤낮으로 근심한다

오줌똥 헹구고 헹구어도 마르지 않은
아이의 고향은
어머니의 늙은 힘살이다

병따개

효의 한 자락 문턱에 걸려고
체가 다른 병풍을 그리고 있다
여덟 폭에 담을
반야심경
꼭 닫혀있던 생각을 열어

24호 붓으로 삼 분필 서예를 하던 습관은
일분 필이 안 되고
김 오르는 솥의 술빵 같다
침묵을 의지해도 소통의 그림자가 그립다

화선지에 줄을 치고
줄이는 방법을 열어주던 스승
탄산수 가슴으로

다음 갈피를 열었다
소통은!

제 4부

벽에 기대어 서서

천국으로 가는 길

별 떨어지는 소리 들린다
달무리 흐린 사이로

권력 부자가 날숨만 쉰다는 부음을 보면
비 오는 날 늦은 귀갓길
노상방뇨 썩은
토악질 악취가

정의를 지키는 사람은
흐트러진 환경은 아니라 하고
뒤끝이 깨끗한 이는 맘도 청결하다
즐거운 사람은 마음이 평화고
건강한 생각으로 속을 비운 성인

죽을 때 가져갈 재물이라면
누구라도 그러하겠지

천국으로 갈 사람은 열심히 일하고
쉴 때는
세상을 다 잊어버린다

대목장

목출 이익공,
다포계 건축에서 본다
삼분 턱 맞춤은 한자漢子 같다

글 한 자 초안하는데 편견이나 독선 없이 관찰해야
맑은 시력으로 볼 수 있다
알에서 깨어난 누에는 애집개미 똥 작을요幺다
뽕잎만 편식하는 생애는 하얀 건축을 위하여
의심하고 불평하지 않는다

집 짓기가 완성되기 전
앉아야 할 자리에 서 있다
백리 앞길 공간의 여백이 혼돈되지 않게
웃어야 할 자리 민감하게 순응하는 지혜로
몸을 8자로 연신 움직인다

정해진 시간이 오면
말소리만 커지는 귀는 열려
누에가 나비 되어 신비의 문을

가물가물 나오는 것을 감을 현玄이라 했다
참고삼아 자신을 조용히 숨길 줄도

배흘림기둥을 세울 집인가
민흘림 목재를 다듬음은

벽에 기대어

험준하지 않은 길 찾지 않았다
마들가리무덤 삭정이 베고 누운 솔방울 잠자는 길
찾아가려 했다

꽃들이 아름답게 핀 제약회사
빈자리 있다 해도
이력서를 제출하지 않았고
폭염에도 고향 동해로 피서 갈 꿈꾸지 못했고
삼복더위에도 긴 팔 남방을
내무반 관물 정리하듯 각을 세웠다

눈물이 없으면
초침이 재깍대는 세월 속에서
마음은
목표라는 봉우리에 닫는다

삶은 어떤 곳에라도
정성 들여 씨 뿌린
새 밭을

일군다면
꿈은 현실보다 강해서
희망이 어려움을 극복해준다고
나는 믿는다.

여행

미나리꽝 푸른 아지랑이 오르는 언덕에
장구 장이 박주가리 나물을 캔다
저수지 뒤편 물 밤나무 숲 아래 굿당이 있다
오색 만다라 펄럭대고

분재처럼 옭아맨 삶
경작되는 뺑대 화전도
힘대로 일궈온 영토

궁궁 징 소리
이별 서러운 인연因緣처럼
바라[1]소리 칭얼칭얼

돌미나리 애기 발 씻는 도랑 옆에 이팝꽃 밥 두 그릇
구탕拘湯을 끓이는 듯한 아궁이
색동저고리, 도포 한 자락
쓸쓸히 서릿발 세운 연기
실 낮달 촛불 사이로 서리서리

꽃가지 신대 흔들고 두 손 살살 빌며 부디 잘 가서
잘 살아라
해 그늘 등지고
아살 아살
구천을 넘어간다

---

1) 굿할때 치는 바라

휴게소에서

평창 동계올림픽 눈썰매장 활강하듯
정선으로 가려고 가던 길을
강릉으로 돌렸다

대관령 깊은 산속으로 두 번째 긴 터널을 나오니
불이 났다
안개가 벽처럼 서 있다 깜깜한 밤
앞차들은 비상등 켜고 장님 눈 뜬 길 더듬거린다
오 미터 앞을 분간할 수 없다

왕복 육차선 도로에는
메뚜기 띠 풀에 꿰어진 듯
꼼지락 꼼지락 움직인다
답답한 맘 구산휴게소쯤 내려가니 해가 뜹다

강구 영덕 방향으로
65번 동해고속도로 표를 받으니
구름 위로 날아가고 있다
놀란 가슴 쓸며 휴게소에서
시원하게 오줌을 쌌다.

휴가

열대야 팔월 둘째 금요일
일터에서 땀을 몇 리터 흘리다
오후 3시 30분에 서해안 고속도로 타고 어둑할 때

대둔산 아래
운주계곡 도착하여
그 냇물에
머리를 감으니 신선이 된 것 같다

계곡물 밥상 아래 발을 담그고 삼겹살 노릇하게 구워
소주 한 잔
캬 아
어제 술맛보다 다르네

자운영

주검의 영혼을 붙잡고 몸부림치는 남자는
무언가를 꿈꾸고
마음이 달뜬 채로 온종일 동동거리며

애를 쓰고 있는 것은
가슴까지 차오르는 슬픔도
먼 길 돌아온 여정을 반추할 틈도 없이

마지막 계절은 창밖에 서성거리고
수많은 길손 떠난 자리
가장 처절한 인내로 웃어 보이는
오줌 호스를 느리고 누워
진종일 경적소리 신음으로 흐르는 공간

자동차 쌩, 경계석 틈새
자홍색 꽃을 피워 아들딸 살길 열어주고
두 뼘,
굵은 눈물은 바위틈새
백열등 햇빛으로

새싹이 돋아나는
질기디질긴
자운영 포기에
개미가 탑을 쌓는다

서로 기대며

소를 몰고 산으로 가면
낫으로 꼴 베는 아버지처럼 소는 부지런히 풀을 뜯는다
내가 멍석딸기를 한 움큼 따먹고 그늘에 앉아 있으면
누렁이처럼 와서 딸기 물 발간
손바닥을 살살 핥는다

산촌에 짧은 해 기울면 쇠죽 가마에 장작을 피우고
호박 넝쿨 듬성듬성 썰어서
강냉이 대궁마초에 섞어 여물을 펴주고
거북등처럼 튼 손을 구유 통에 씻으며 많이 먹고
내년에는 쌍둥이 낳아야 해
그래야
내 교복도 사고 운동화도 사지 소는 내게 눈을 흘긴다

여름철 진드기 까맣게 붙어있는
사타구니를 꼬챙이로 긁어 떼 주면
한쪽 다리 들고

시원하지 물어보면

버짐 허연 내 머리털을 슥 쓱
소는 그냥 웃기만 한다

중환자실

욕창 방지 에어매트 침대
주검의 꼬리를 잡고 뒹구는 남자
잠들지 못하는 시간 팔다리를 묶어놓고

목에 구멍을 뚫고
코에 맑은 호스를 꽂아
막걸리 사발로 마시던 추억
영양 죽 한 홉 든 깡통, 호스로 대신 한다

처절한 인내로 생을 붙잡고 가여운 삶이
허파에 물이 차서
온종일 신음으로 넘치는 공간
애끓은 대화는 귀엣말로 굴러가고
굳은 얼굴들, 미간에 두터운 애환이

"서럽게 서럽게 세월아 가난이여
아 벗님 아버님"
새파란 젊은 날

긴 시간 여행에 기내서도
막걸리 한잔하자던
뜨거운 젊은 날의

새빨간 심장이여

아빠는 얼마 버세요

곤히 잠든 너희를 보고
산업기계 현장에서 얼굴 붉히는 나는

먹다 남은 소주병을 품고 자정 넘어 집에 왔는데
문 앞에 아들 둘이 서 있다
아직 안 자냐
물어볼 말이 있는데요
매일 우리가 잠든 시간에 오시잖아요
용돈이 너무 적어요
공장에서 녹슨 파이프 사포질하면 이천 원씩 주마

아빠는 얼마 버세요
이십만 원 벌 때도 있고 이만 원 벌 때도 있지

반짝인다고 모두 보석은 아니다
나이 들어 언 손 비비며
노숙자 되지 않으려면 고생을 감수해야지

설 지나고 어느 날
돼지 저금통 털어 꾸겨진 지폐를 세며
아버지 하루만 시간 좀 내주세요
이만 원 우리가 모은 돈이에요
한 번만 놀이동산으로 아버지 엄마 손 잡고
놀러 가고 싶어요

그 소리

수시로 정전이 되던 시절
불을 켜고 있으면 전기단다 잠을 재촉하던
어머니 성화도

호롱불 촛불을 켜고 밤새던 유년
먹을거리가 부족하던 새벽 종자로 걸어두었던 강냉
이송이
재 불에 뚜르르 굴리면 톡톡
설 풋 깬 잠을 이어 가지 못하고

쌀부대 있는 고방에 쥐도 들르지 않던 시절
뛰지 마라 배 꺼진다
가슴 아픈 혼냄의 소리도
많은 약이 없던 그 옛날 복통이 생기면
할머니는 내 손이 약손이다 내 손이 약손이다

텃밭에 맨발로 괭이질하다 유리 조각 상처가 깊어도
도랑물에 치륵치륵 씻어

된장 바르고
할머니 치맛단을 짜락짜락 찢어 동여주시며
큰 짐승 만나도 겁부터 먹지 마라
사내 자슥이
그 소리 꿈에라도 정겹다

시인의 집

띠茅 풀로 이엉을 얹은 산막 추녀 끝
설익은 새벽이 오는 우듬지에서
깨어난 새가 한참 울다 푸른 하늘에 잠긴다
먼 산 어둡던 구름 걷혀 가면
이슬이 물봉숭이에 매달려 웃는다

거미는 긴 대들보를 걸고 격자문 창틀을 만들고
얼기설기 서까래를 걸쳐
하늘이 잘 보이는 집을 짓는데

쌀이 있어야 밥을 짓지
아내는 한숨 같은 바람을 울린다
굼벵이같이 지하 셋방 9년째
시 뿌리를 캐보겠다고
높은 곳에 눈길 보내다
길 잃고 방황하는

하늘은 푸른 꿈으로 그렇게 있고
숭숭 뚫린 집으로
바람은 언제나 오고 간다

섭리攝理

넘겨짚으면 그쪽은 마음이 닫힌다
격자 문살을 통해 세상 만물을 본다
누구한테 물어볼 일인가

목숨 걸고 주장하여
합리合理를 이루어, 뜻이 길 되고

뿌리가 되고
기둥이 되어
그늘에 모일 수 있고

다 비운 삶을 물처럼 살 때
눈 녹으면 꽃핀다

제 5부

도롱뇽은 거기에 산다

부부

암죽 한 종지 있는
밥상에

먹을 것이
없어도

젓가락은
숟가락 옆에
있어야 한다

어머니 기일

겨울밤은 어머니가 그립다
품속에 데운 거친 손 따스하게
내 발 꼬옥 쥐여주시며
잠잘 때는 발이 따뜻해야 한다 하시던 말씀

새끼 밥걱정하는 가난
어무찬 한숨 소리 듣던
나의 속심
아주 조용히
한 무리 양 떼처럼 지나간다

무쇠솥 물 짜박하게 김치와 허드레양념 넣고
팔팔 끓이다 큰 바가지 물 더 붓고
콩가루 칼국수 밀어
듬성듬성 썰어 넣고 식은 보리밥 한 덩이 끓여 먹던 밤

격자 문살에 민경이 하얗게
입김을 불어도
뜨끈뜨끈하게 한 사발 먹으면
추위가 달아나던 그 시절
그때 어머니 바늘 실로 꿰맨 검정 고무신
그리움 적셔진 기다림에
겨울밤이 자꾸 눈앞에 아련거린다

가족

벼루와 붓은 맞절로 청실홍실 묶었다
족보 줄기 세운 둥그런 평상에

고랭지 배추김치는 타원형 울안에 형제다
씀바귀 김치는 월급날 누이야
바다로 돌아갈 준비하는 유리병 새우젓
수염이 긴 할배
궁핍하던 시절 쌀 대신하던 칡뿌리 같은
장예쌀집 심줄 아닌 칡 순, 오갈피, 마늘쫑 장아찌는
그해,
햇빛 처음 본 사촌 간이다

냄비에 햇무 납작납작 깔고 갈치조림
외교관 특사로 다녀온 당숙인데
옥잠화 잎을 닮은 산 마늘장아찌는
연구소 박사로 있는 여섯째 아우고
딸기 잼 바른 노릇한 토스트는 손자 손녀다

반찬을 갖추어 밥을 먹을 때
아버지 결혼 후 집안이 큰 상 차려
추억도 담기는 한자리에 핵가족이 좋다는 말은
누구도 하지 않는다

물

오늘 배달된 물 마셔보니
강원도 성골에서 왔는지
산삼 냄새가 난다

깊은 굴에서 발원한 줄기
실 폭포 되어 험한 바위 자일을 타고 네펠 한다
오월에도 겨울을 지키는 눈밭을 지나
큰 짐승이 일궈놓은 삼밭 아래로 졸졸 흐르는 물 먹고
온갖 날짐승이 삼 씨를 뿌려놓는다

집집마다 소를 풀어몰면
언덕빼기에 풀을 뜯다 물먹으러 내려올 때
갈잎 헤집어진다

칼바위 밑으로 작은 소 도롱뇽 수영장이 되고
너럭바위 아래 멍석딸기 명주실 발 담그고 있는데
별빛 하얗게 자맥질하는 밤

몽글몽글 청어 알 탐스런 딸기도 익어 가겠지

내가 오늘 마시는 물은
산골에서 왔는지
딸기 향기도 난다!

첫국밥

김매러 가시다 산고가 터진 어머니

거친 손으로 탯줄을 자르고
허기 쌓은 쌀독만 안고 있는 고방
첫 국밥은 녹쌀 밥이다

삼베치마끈 허리춤에 질끈 꽂아 넣고
해산 바가지도 아닌 함지박에 마른미역 치대면
뽕나무 가지에 걸려있던 녹슨 호미, 묵은 밭고랑 걱정이 숨차다

핏물이 선연한 저녁 부은 얼굴로 논밭에 가족 걱정에
어린 햇감자를 냇물에 헹구면
소쩍새 길길이 울고 있다
설익은 새벽 젖 달라고 보채면
간난이 한 손에 안고 강냉이 풀떼기를 너 한번 너도 한번
아이들 잠든 어느 날

둥글레 뿌리를 푹 삶아 얼마나 배가 고픈지 환장한

사람처럼
허기를 채웠는데 취해 그만 잠이 들었다
깨어나니 양지골 해가 두리봉 끝자락 이불을 끌어
덮고 있다
몸조리는 생각할 수 없고 퍼런 보리 이삭을 베어내
가마솥에 볶아 저녁거리 준비하는데
온몸에 여주외피 구슬로 달렸다

허리가 휘도록 거름을 만들어 씨앗을 뿌린 밭에
새벽같이 일어나 잠 들 때까지 손톱 길 새 없이
산중 농사는 한순간인들 편치 않았으리
객지로 떠난 새끼들

끼니는 거르지 말아야 할 텐데
어머니는 오늘도 뒤란에 정화수 치성을 드린다

겨울냉이

흙보다 떡잎을 떼기 위해 뉘어놓고
머리 빗질하듯 다듬어도
만개한 산나리 꽃처럼 자꾸 오므려 든다

말년 휴가 때 부모님 뵙자고 두 살 아래 궁합도 좋다며
숙희를 꼬드겨
고향 가는 길 멀어 민박을 해야 했다

단둘이 용광로처럼 빨개져서 얼굴 부비며
나는 군에 오기 전에 잘되던 일이 있어
제대만 하면 큰돈 벌 거야
정말 행복하게 해줄 수 있어

귓밥을 조물거리며 가슴도
배꼽 아래로 개미 촉각을 세워 더듬어도
부모님 뵙기 전에는 절대로 안 돼야
겨울 냉이 모양 오므린

코르셋 속의 신비는 구경도 못 했다
한 이랑 넘어 호미에 걸리는 그물을 걷으니
쑥 뿌리가 풀을 먹인 옥양목
이불처럼 하얗게 덮히는데
풋사과 향이 오른다

돋보기 접는 새벽

페트병에 흑태, 서리태, 붉은팥, 수수쌀, 고구마 몇 박스
마루 끝에 줄 세워두면
기다림이 소복소복 쌓인다

해도 설 쇠러 등성이를 넘어가는 골목길을
돌다리까지 눈雪을 쓸어놓고
어둠이 골목을 지워도
사립문 쪽으로 몇 번씩 바라본다
빈방에 군불 지피고 식은 부침개를 데워도
부엉이 울음만 깊어간다

자정이 가까운 시간 전화벨이 울린다
그래 애비야 어디쯤 오고 있나
이번 설에는 근무라서 아무래도 못 갈 것 같아요
응 그래 새끼들 데리고 열심히 살아봐
나는 괜찮다

늙은 어머니는 가족사진을
넋 놓고 바라보다 돋보기 접는
그믐날 밤

마당에 소복이 쌓은 눈 위로
개 발자국만 남아있다

설악산

아직 가을인데 첫눈이 왔다고
울산바위 소복 입고
눈물 흘리며 그리움 같은 햇살이고
한 발자국씩 내려온다
신흥사 발아래 바람 숲에 묻어 든 가을, 겨울 올까
동쪽 지국천왕 서 광목廣目 남 증장增長
북쪽 다문천왕多聞天王 창을 들고 북을 치며

무슨 근심 걱정인가
부처님께 고할 일
아름다운 삶이 지금은 꿈속인데
눈 시리도록 빨간 단풍잎에 내린 눈
아직은 가을인데

그 무게 희망되어
여울로 소금 섬을 끌래도 끌지
하얗게 동해바다 꽃바람 안고
어린 싹눈 어루만져

바위 무게 작아지면
또다시 나뭇잎 꽃몽울
여인네 첫 가슴
탁 터지겠지

고왔던 손

가난했다
형제도 많다 맞선도 여러 번 봤다
불현듯 지난 추억 벌떡 선 오늘
아내를 처음 만나던 순간
가슴이 쿵쾅거렸다

어깨까지 늘어진 치렁한 생머리
솜털 보송한 맨얼굴
발그레한 사과 상큼한 모습
그것만은 아니었다

내 눈을 사로잡은 것은
그녀의 손
마디가 없이 매끄럽게 뻗은 손가락
금방 낚아 올린 빙어 내장처럼 얼핏
보일듯한 연초록 실핏줄

살며시 잡던 손 심장 뛰어 앞이 깜깜했다
강산이 몇 번 변했던가

고운 손 너무 거칠하다 눈물 핑 도네
용돈 줄여 유연성 크림
마사지해주고 싶다
고왔던 손

아파트 열쇠

밥 세 끼 공부할 형편은 더욱 안 되는데
꿈은 야물딱졌다
산골 어린이의 꿈은 왕이 되는 것이다

독학으로 공부하던 강의록 노트 두 권 끼고 서울에 왔다
부잣집 개밥을 보고 침을 삼키며 뛰었다
잠자는 밤은 없어도 되겠다

아니야 집 없는 서러움 겪어나 봤어
오갈 데 없을 때 기차역은 호텔이지

어물시장 쓰레기통에 가마니 두어 장 깔고
신문지 고깔 만들어 코에 대고
잠들면
생선 뼈 썩는 온기
참 따뜻했었지

하늘이 더 가까운 마천동 경계선에 게딱지 집 하나
잔금이 없어 문패도 달지 못했는데
그 앞으로 소방도로 뚫리며
주공아파트 한 채 생겼다
어제도 꿈을 꿨다
충신이 될 사람 모이게 해야지
아파트 열쇠꾸러미 받던 날!

도롱뇽은 거기에 산다

벌레가 살면 땅이 살고
땅이 살아야 사람이 산다
강원도 삼척시 노곡면 주지리
성골 칼바위 아래 작은 소
어렸을 때 알록달록 꼬리가 있어
네발 달린 악어 새끼

불알 달랑달랑 개헤엄치고 놀 때
무서워서 떨었다 도롱뇽
세월 지나 세상은 변하고
산도들도 마을도 홍수 태풍에 변했다

골짜기마다 방갈로 펜션이 들어서고
사람은 사는데 너는 사라졌다

여름휴가 때 찾아간 내 고향
그 골짜기 바위 밑에
아직도 네가 거기 있다니
내가 오기를 기다리고 있었을까

깊은 산촌 피톤치드가 흩날리는
그 계곡 맑은 물 지킴이
도롱뇽은 거기에 산다

그렇게

속삭이는 말 듣지 못할 뿐이지
달빛을 앞세우고 봄이
고요한 함성으로 죽은 사정이 깨워

푸른 그늘 지우면
새들 모여 노래자랑하고
사람들 찾아와 쉬며
나무 꽃도 칭찬하면 춤추며 웃는다

마른 정강이 나이테 키우며
생명을 위해 산소를 만들고
또 다른 봄을 위해 그렇게

겨울 없는 나무 나이테 없지
절단된 평화를 뚫고 누워
내 무릎 삐걱이며
세우고 있다

도랑 물소리

내
말만
들어
보라고
하지 마오

꽝꽝 퍼 올린 심장으로 같은 계절 보내도
아주 고운 단풍은
나무가 다르지요

고목 구멍에
새알
만지지
않아도
따스함
느끼는
도랑물 소리

사람도
넉넉한 구석 있어야

까치집도 번지수가 있다

길주로 문예사거리
6번째
메타세콰이어 나무

염치없는 메마른 세상
모델 집 짓는다고 땅을 파
철재 빔 기둥을
바람 부는 날 칠십 톤 크레인 팔 뻗어

농성 주동자 궐기하듯 붐 대 찌꺽 찌찌 윙 휙 휙 돌리다
가로수 우듬지 가까운 곳에
까치집 부서졌다

부부는 이거 힘없는 놈 살 수 없네
몇 날 보수공사를
길쭉한 철사를 가까스로 들보를 걸고
철쭉꽃대로 문설주 세워
솔가지 돌쩌귀 문틀로 대고

까스라기 모아 자리 깔고
입주하던 날
물기 마른 가슴들
가짜 집을 지으면서
대 잇는 남의 집을 부숴놓고
사과 한마디 없다

해설

결핍의 時간, 詩로 차오르다

구미리내 (시인, 문학박사)

해 | 설

결핍의 時간, 詩로 차오르다

구미리내 (시인, 문학박사)

예술은 근본적으로 사실을 전달하는 장르가 아니다. 시가 추구하는 세계도 당연히 사실일 수 없다. 표면적 현상을 설명하는 것도 아니고 일상생활의 전달은 더더욱 아니다. 시는 조금이나마 순화되어 표현된 본질의 세계이다. 때문에 시인의 관심사는 외부가 아니라 내면세계에 있다. 사건이 일어난 것은 외부적 이지만 사건을 그대로 진술하는 것이 시는 아니기에 그 사건을 바라보는 시인의 내면세계에 따라 어떤 작품으로 탄생할 것인지가 결정된다. 쉽게 말해 '눈물을 흘렸다'라는 현상에서 시인이 가지는 관심은 떨어지는 눈물에 있는 것이 아니라 슬픔의 깊이에 있는 것이다. 바꾸어 말하자면 슬픔의 깊이라는 내면을 이끌어내기 위해 시인은 '눈물을 흘렸다'라는 '언어'를 사용하게 되는 것이다.

내면의 언어라고 할 수 있는 내포는 정서적 연상을 통해 모아지는 언어다. 보여지는 언어 자체인 외면이 객관적 사물이나 상황, 사건들을 증명할 수 있는 언어라고 한다면 내포의 언어는 전혀 획일적이지 않은, 실로 다양하고 상징적이고 무언가를 암시하는 정서적 가치를 말하는 언어이다.

또한 지나간 인생에서 의미 있는 혹은 의미 있던 순간을 표현하고, 닥쳐올 수 있는 삶에 대해 상상하여 거기에 새로운 의미를 부여하는 것이 문학이 걸어왔던 길이자 가야할 길이다. 삶을 표현함에 있어서는 예술적으로 표현되고 구체화 되어야 한다는 뜻이다. 그러므로 예술 특히 시는 머릿속에만 있는 추상적 개념을 그대로 서술하거나 진술하는 것이 아닌 철저하게 형상화 되어야 한다. 문학예술을 함에 있어 이 형상화라는 것은 같은 경험을 하고도 다른 세계를 창조할 수 있다는 말이고 다른 작품 세계를 만들어내는 창작의 기술이 되는 것이다. 단순히 현실을 보여주는 재현에 그치는 것이 아니라 시인이 오래 축적해온 삶의 정서와 이미지를 작품에 녹아들게 할 때 비로소 시인은 위대한 창작을 한 것이라는 말이다. 박용섭 시인은 그런 의미에서 '내면의 언어'를 잘 형상화한 시인이라 할 수 있다. 박용섭 시인과 연배가 비슷한 세대들은 모두가 넉넉하지 못했던 결핍의 시대를 살았다. 모두가 가난과 배고픔을 고스란히 겪어낸 삶을 살았던 장본인들이다. 그러나 모두 가난한 시절을 겪은 삶의 아픔이 있다고 모두 시인이 되는 것은 아니다. 모두 가난한 시절을 그대로 '배고팠다' 사실적으로 재현해 내기만 한다면 그것은 작품으로 탄생되지 못할 뿐만 아니라 '가치 있는 언어'가 될 수 없다. 박용섭 시인이 결핍의 시대를 살아낸 사람들 중에서 시인으로 거듭날 수 있었던 이유는 자신이 축적해온 삶의 정서를 지적 이미지로 승화시키고 여러 가지 언어를 통해 그 가치를 증명하려고 끊임없이 노력했던 덕분이다.

먹물 뿌린 밤 눈이 내렸다
도랑도 지워지고 돌다리도 지워지고
들어갈 곳도 나갈 곳도 사라졌다
깜부기 호롱불이 꺼지면 문살 흔드는 눈바람이
지난봄 목동의 풀피리 소리처럼 창호지를 울린다

새벽부터 아버지는 너와 지붕 용마루가 들썩거리는 외양간
죽데기 판자 구멍을 쇠똥으로 메우며
바닥에는 마른 갈잎을 깔고
보릿겨에 꽁깍지 듬뿍 올린 여물을 퍼주신다

(중략)

그날 밤
버드나무 바위틈에 마르지 않는 샘처럼
추녀를 적신다
뿌리를 꼬옥 숨기고 있는 청보리밭 너머 감자밭에 동이 트자
망태기를 등에 얹은 어미 소 걸음에

젖 거품을 물고 송아지 따른다
사래 긴 돌밭이 떠나가도록 이랴랴랴
이따금 돌아보며 어미가 자식 찾는 소리에
이른 봄 아지랑이 활처럼 휘어진다
애기 소 칭얼대는 밭고랑에
아버지도 등이 굽도록 허기가 진다

- <그때 아버지는> 부분

박용섭 시인은 아버지의 이야기를 시작으로 의미있는 인생의 순간을 포착해 나가고 있다. '먹물 뿌린 밤눈이 내렸다'로 시작하는 이 시는 시인이 살아낸 시절의 고달픔을 아버지라는 인물을 통해 보여주고 있다. 근본적으로 어두운 시간인 밤이라는 시간에 '먹물 뿌린'을 더해 더욱 더 궁핍하고 결핍된 화자의 유년시절을 강조하고 있다. '막막했다'라는 현실적 감정을 그대로 서술하기 보다는 '들어갈 곳도 나갈 곳도 사라'졌다고 표현된 화자의 시간은 독자들 스스로도 시인이 지나온 시간들의 깊이를 고스란히 전달받을 수 있는 시적 형상화다. '새벽부터' 아버지는 일할 준비를 하지만 여전히 '등이 굽도록 허기가 진' 삶을 살아야 하는 고달픔을 지닌 대상이다. 시 속에 등장하는 소와 송아지는 화자의 아버지와 화자의 관계를 보여주는 투사체다. 일하러 나가면서도 이따금 자식을 찾는 소의 눈길은 화자의 아버지 심정이고 젖거품을 물고 칭얼대며 따르는 송아지는 자식인 화자다. 칭얼대며 따르는 자식들을 위해 쉴 수 없는 아버지는 소처럼 일해도 오늘도 허기를 면할 수 없는 가난의 깊이 안에 있다. 이 시에서 배고팠다, 굶었다, 먹을 것이 없었다고 사실을 있는 그대로 고백하지 않아도 '죽데기 판자 구멍을 쇠똥으로 메'우며 '보릿겨에 콩깍지 듬뿍 올린 여물을 퍼준'들 메워지지 않는 가난의 깊이는 '이른 봄 아지랑이가 활처럼 휘어지'는 이미지와 '아버지도 등이 굽도록 허기가 지'는 이미지를 만나 더욱 극대화 되어 전달된다. 활처럼 '휘어지'는 각도는 등이 '굽은' 아버지의 허기의 각도를 대신하므로 독자는 시각적 이미지를 스스로 형상화해 내어 그 시절 화자의 결핍에 공감하게 된다.

우리가 가지고 있는 것에서 물질을 뺀다면 남는 것은 정신뿐이다 이성이나 감성도 포함되지만 심리, 자아, 상상 등 포괄적인 언어들이 그에 속한다. 포괄적 정신의 언어를 대표하는 예술 영역의 언어는 단연 정서다. 슬픔, 기쁨, 즐거움, 아픔, 괴로움, 외로움, 그리움 등 인간의 삶을 관통하며 끊임없는 언어 작용 한 가운데 정서가 있다. 박용섭 시인의 정서를 완성지은 것은 허기를 메울 수 없는 끝없는 가난이었고 설움이었다. 결국 그를 시인으로 만든 것은 결핍이다. 모자란 만큼 채울 수 없던 허기, 배고픈 만큼 그의 인생은 휘어졌고 그 휘어짐은 군데군데 결핍을 남기며 굴곡진 삶을 만들어 냈다. 유년시절을 지난 시인은 군데군데 비어있는 곳을 메꾸려고 부단히 노력했고 그것이 메꾸어지며 굴곡은 비로소 차오르는 대지가 될 수 있었다. 그런 의미에서 아버지뿐만 아니라 어머니의 이야기도 동일선

상 위에 놓여있다.

김매러 가시다 산고가 터진 어머니

거친 손으로 탯줄을 자르고
허기 쌓은 쌀독만 안고 있는 고방
첫 국밥은 녹쌀 밥이다

삼베치마끈 허리춤에 질끈 꽂아 넣고
해산 바가지도 아닌 함지박에 마른 미역 치대면
뽕나무 가지에 걸려있던 녹슨 호미, 묵은 밭고랑 걱정이 숨차다

(중략)

둥굴레 뿌리를 푹 삶아 얼마나 배가 고픈지 환장한 사람처럼
허기를 채웠는데 취해 그만 잠이 들었다
깨어나니 양지골 해가 두리봉 끝자락 이불을 끌어 덮고 있다
몸조리는 생각할 수 없고 퍼런 보리 이삭을 베어내
가마솥에 볶아 저녁거리 준비하는데
온몸에 여주외피 구슬로 달렸다

- <첫 국밥> 부분

이 시에서 어머니는 1행에서 부터 '김매러 가시다 산고'가 터졌다. 그 한 줄로도 어머니의 고달픈 삶을 읽어낼 수 있다. 아이를 낳기 직전까지도 일을 해야 했던 그 시절 어머니들의 힘겨움은 굳이 '너무도 가난했던 탓

에 어머니는 아이를 낳기 직전까지 일을 해야만 했다' 라는 구구절절한 사실을 열거할 필요가 없이 시의 첫 행으로 충분히 형상화 되어 있다. 산고가 터졌지만 도움을 청할 수 도, 도움 받을 사람도 없던 어머니는 '거친 손으로 탯줄을 자르'고 '해산 바가지도 아닌 함지박에 마른 미역'을 치댄다. 흔한 해산바가지 하나 마련해두지 못했던 농부의 아내. 해산바가지를 대신하는 '함지박'과 어머니가 입고 있는 '삼베 치마'는 가난한 농부의 아내를 상징한다.

이 시에서도 역시 굴곡진 어머니의 삶이 보인다. '허리가 휘도록 거름을 만들어 씨앗을 뿌린' 어머니도, 아버지와 별반 다를 바 없이 허리가 휘도록 일해보지만 되돌아오는 것은 허기다. '허기 쌓은 쌀독만 안고 있는 고방', 이 한 줄로 화자의 유년시절 삶의 모든 결핍은 정점을 찍는다. '손톱 길 새 없이' 아버지와 어머니는 일을 하지만 쌀독에는 허기만 쌓이고 있으니 가난의 깊이는 끝없이 깊어만 진다. 그의 삶을 지배하는 결핍의 시작은 따지고 보면 부모의 허기로 부터였다. 시인에게 허기는 밥을 먹지 못한 단순한 배고픔보다 채울 수 없는 혹은 채워지지 않음의 의미를 가진다. 가난, 슬픔, 고달픔, 걱정들이 허기를 채울수록 구멍은 커져갔고 허기는 반복되었다. 시인은 그 허기로부터 잉태되고 허기로부터 탄생되어 허기와 함께 성장했다. 탄생부터 시인은 결핍된 대상이었지만 그 결핍은 오히려 채울 것이 생긴 삶의 목표처럼 자리 잡았다. 그리하여 시인은 밥을 먹듯 한 숟가락 한 숟가락, 한 줄 한 줄 시를 써나가며 허기를 메우고 결핍을 채워 삶을 배불려 나갔다.

가뭄이 길었던 해
아버지 가슴도 논바닥처럼 타고 있었다
비단실 같은 빗줄기 촉촉하니

(중략)

쉬는 시간이 되면 농주 한 사발
소에게 먼저 권하며

힘들지

해 그림자에 비치는
논고랑은
예서체를 펼쳐놓은 것 같다

모를 심는 것은 내 몫이 아닌 것을
눈물이라도 찔끔 고이면
행서체로 내가
써레질 해야지.

- <운필> 부분

산에서 돌아오던 소가　　도랑물 마실 때
어머니의 힘든 노동으로 가족을 걱정할 때
늘상 발이 뜨겁다 하셨다

소고삐를 놓고
발을 씻겨 드리겠다고 하자
수줍어 하신다!

(중략)

태어나서 처음으로
보드라운 내 발과 다르게 느껴져 울컥한다
앙상한 발등이 나무껍질처럼 보였다
검정고무신 너덜대도 오일장 못 가면
맨발로 밭일을 가신다

물레 가락 실꾸리처럼 자식 위해
감고 또 참고 열나는 발
자주 씻겨 드려야 하겠다
나를 깨워 약속해본다.

- <어머니 발> 부분

두 편의 시에서 다시 아버지 어머니의 삶이 등장한다. 시 속의 두 사람은 여전히 일을 하며 쉬지 않고 삶을 감내하며 살아낸다. 누구에게나 부모는 자식을 위한 삶을 사는 존재지만 박용섭 시인에게 부모는 단순히 열심히 사는 존재가 아니다. 슬픔의 깊이에 젖지 않으려 가난의 깊이에 빠지지 않으려 부단하게 발버둥치지만 채울 것을 손에 쥐지 못하는 애틋하고 서글픈 존재다.

'가뭄이 길었던 해' 먹을 것을 거두지 못한 아버지의 가슴도 '논바닥처럼 타고'있었다. 무슨 설명이 더 필요 있으랴. 가뭄이 길게 이어지는 논바닥 같은 가슴은 아무 것도 하지 않아도 모든 것을 태울 수 있을 만큼 강렬하고 간절할 것이다.

박용섭 시인은 서예를 오래도록 공부하고 있고 종종 대회에서도 상을 타는 경력있는 서예가다. 그는 붓글씨를 쓰든 시를 쓰든 어느 것 하나 허술함 없이 늘 열심이었다. 딸 뻘인 필자에게도 늘 겸손하게 대하여 배움을 마다하지 않았고 고칠 부분을 지적하면 늘 깊이 있는 고민으로 대체했다. 많은 사실적 경험들을 조금씩 시로 변화시키는 그의 모습은 먹물이 한지에 스며들 듯 자연스러웠다. 시를 쓰는 일과 붓글씨를 쓰는 일을 이 작품에 다 같이 버무렸다고 볼 수 있을 것이다. 시인은 아버지를 바라보는 화자의 심리와 서예의 글씨체를 접목시켜 시를 붓글씨 쓰듯 그려내고 있다.

예서체니 행서체니 일반인들이 정확이 구분할 수 있는 것은 아니지만 '해 그림자에 비치는 논고랑은 예서체를 펼쳐놓은 것 같'다 라는 구절을 볼 때 줄지어 벼포기가 심어진 사이사이 둥굴고 깊게 팬 논고랑과 예서체는 동일 이미지로 묘사된다. 또 모를 심는 것은 내 몫이 아니'라면서 눈물이 고이면 '행서체로 내가 써레질 해야'지 하며 다짐하는 구절 역시 써레질과 행서체는 전혀 다른 장르에 등장하는 단어들이지만 시라는 예술작품에서 만난 시어들이 은유의 힘을 통해 동일

이미지로 통합되고 있음을 알 수 있다. 모내기 전 편평하게 논바닥을 가르는 작업이 써레질임을 이해한다면 서예의 행서체 의미는 아주 적절한 은유임을 떠올릴 수 있으리라. 틀에 박힌 규격적 은유에서 벗어나 새로운 이미지의 탄생은 이렇듯 경험 여기저기에 축적되어 있다. 축적된 경험들을 시의 이미지에 맞게 적재적소에 끼워 맞추는 일, 그것은 노력 없이는 일어날 수 없는 창작의 과정이다.

다시 <운필>로 돌아가자. 가난한 시절 소는 집안의 보물 같은 것이다. 소를 키워 팔아야 자식 학교도 보낼 수 있고 결혼도 시킬 수 있었으니 소는 가장의 꿈과 희망이 깃든 대상이다. '쉬는 시간이 되면 농주 한 사발 소에게 먼저' 권하고 '힘들지'하며 친구처럼 말도 걸어본다. 그러나 그것은 어쩌면 소에게 하는 말이 아니라 자신에게 던지는 위로다. 가뭄이 길어 수확할 수 없는 논바닥을 보며 아버지가 마음 아픈 이유는 자식 때문일 것이다. 자식에게 가난을 물려주고 당당한 아버지가 어디 있을까. 자신의 고달픔은 소에게 투영되고 아버지는 그런 소를 먼저 챙기며 위로한다. 결국 시에서 소는 돈벌이 하는 동물이 아니라 가장의 꿈과 가족의 생계와 가장의 고달픔을 담은 상징이 된다.

어머니는 또 어떤가. '늘상 발이 뜨겁'도록 힘든 노동을 하는 어머니. '보드라운 내 발과 다르게 느껴져 울컥' 하게 만드는 어머니의 발은 '나무껍질처럼 보일'만큼 거칠고 앙상하다. 사람의 발이 나무껍질처럼 보이기 위해서 얼마나 많은 시간동안, 얼마나 오랜 시간 동안 태양 아래서 고된 시간들을 보내셨는지, 설명이 없다해도 독자들은 알 수 있을 것이다. 오일장도 못가고 너덜대는 검정 고무신 대신 '맨발로 밭일을 가'시는 어머니는 그 모습 자체로 헌신을 의미한다. 어머니가 맨발로 밭일을 나가는 이유는 오직 자식 때문이다. 그것을 알고 있는 화자이기에 <운필>에서는 아버지를 위해 '행서체로 써레질을 해야겠'다고 다짐을 하고 <어머니 발>에서는 '참고 또 참고 열나는 발 자주 씻겨 드려야'겠다고 다짐을 하게 되는 것이다.

언어를 가지고 체험을 조직하는 시는 특히나 언어를 가지고 인간의 희로애락에 속한 모든 감정과 그에 따른 감동 따위를 조직적으로 보여주는 장르다. 시인은 이 일련의 작품들을 통해 아버지와 어머니의 고달픔을 고스란히 느끼고 이해하며 슬픔의 깊이를 독자들에게 이미지화하여 전달하고 있다.

> 벽돌담 밑에서 뼈아픈 이야기를 들이댔다 소학은 못 배워도 천자문 한권만 배우게 해달라고 애원했잖아요 남들처럼 해주지도 못하면서 아홉 명이나 낳으셨어요?
>
> (중략)
>
> 손사래 치며 돌아서는 어깨가 서럽게 우시는 모습이다
> 늙어 보이신다
> 평생 땀 냄새만 지고 사시는 저렇게

불쌍한 아버지에게
왜 내가 가슴 아프게 했을까

- < 나는 괜찮다> 부분

쌀부대 있는 고방에 쥐도 들르지 않던 시절
뛰지마라 배 꺼진다
(중략)
큰 짐승 만나도 겁부터 먹지 마라
사내 자슥이
그 소리 꿈에라도 정겹다

- <그 소리> 부분

새끼 밥걱정하는 가난
어무찬 한숨 소리 듣던
나의 속살
아주 조용히
한 무리 양 떼처럼 지나간다
(중략)
격자 문살에 민경이 하얗게
입김을 불어도
뜨끈뜨끈하게 한 사발 먹으면
추위가 달아나던 그 시절
그때 어머니 바늘 실로 꿰맨 검정 고무신
그리움 적셔진 기다림에
겨울밤이 자꾸 눈앞에 아련거린다

- <어머니 기일> 부분

결핍은 이제 서서히 그리움으로 채워지기 시작한다. 위의 세 편을 요약할 수 있는 시어는 바로 그리움이라 할 수 있다. 그리움의 사전적 의미는 보고 싶어 애타는 마음이다. 이로 볼 때 그리움은 과거를 바탕으로 생기는 정서다. 지나간 과거가 있기에 그 대상이나 사건이 보고싶 고 그리움을 느낄 수 있다. 현재나 미래만으로 우리 인간의 정서는 완성 될 수 없는 이유가 여기에 있다. 슬픔이나 기쁨, 즐거움은 현재의 대상이나 사건을 통해서도 공유할 수 있지만 후회나 그리움 같은 특수한 감정은 지나간 시간이 밑거름이 되는 정서이기 때문이다. 박용섭 시인의 지나간 시간, 과거는 풍족하지 못했고 충족되지 못했으며 그로인해 삶은 만족할 수 없는 것이었다. 배고팠고 비어있었으며 항상 모자랐다. 하지만 만족할 수 없는 삶이었다고 인생의 한 부분에서 떼어내 버릴 수 는 없는 일이다. 과거가 있기에 현재가 있고 현재가 있기에 미래를 기다릴 수 있는 법이다. 결핍이 있었기에 채워야 하는 목적의식이 생겼고 채우는 과정은 노력이라는 이름으로 보상받는 것이 인생이다.

시인은 이 세 편의 작품들을 통해 자신을 허기지게 했던 과거를 다시 한 번 등장 시킨다. 아버지와 어머니는 이제 그의 인생에서 현재를 함께 하는 것이 아닌 과거의 인물이 되었지만 그 어디에서도 자신을 허기에서 잉태하고 탄생시키고 늘 배고프게 성장시켰던 부모에 대한 원망은 없다. '쌀부대 있는 고방에 쥐도 들르지 않던 시절' (그소리)이었고 '새끼 밥걱정하는 가난' (어머니 기일)으로 채워진 시간이었고 '벽돌담 밑에서 뼈아픈 이야기를 들이댔던' (나는 괜찮다) 순간도 있었지만 시인은 오히려 그 시절을 뒤돌아보고 있다. 꿈에라도 나올까 무서운 것이 아니라 '큰 짐승 만나도 겁부터 먹지마라'는 그 소리가 오히려 '꿈에라도 정겹다'. '평생 땀냄새만 지고 사시는 저렇게 불쌍한 아버지에게 내가 왜 가슴 아프게 했을'까 하며 뼈아픈 이야기 들이댄 것을 이제와 뼈아프게 후회하기도 한다. '그리움 적셔진 기다림에 겨울밤이 자꾸 눈 앞에 아련'한 것은 시인이 그 시절의 고달픔을 잊었기 때문이 아니다. 오히려 반대로 하나도 잊지 않고 있었기에 그립고 또 그리워하는 것이리라.

문학예술은 크게 보면 삶의 기록이 된다. 삶의 기록은 시간과 공간의 만남이다. 어떤 공간 속, 시간의 흐름 속에 존재하는 것이 자연스레 삶이 되는 것이다. 공간만 존재한다면 그것은 탐구해야할 우주일 뿐이고 시간만 존재한다면 그것은 존재하지 않는 영혼 같은 것이리라. 물론 시의 현재는 우리 삶 속에 있는 현재가 아니라 가상의 현재이다. 이처럼 시의 현재 시제는 한 행동, 정서에 대한 시간, 순간감을 효과적으로 환기할 수 있다. 아버지와 어머니가 오로지 자식을 위해 평생 고달프게 일했던 지나간 시간들, 따라서 아버지 어머니가 없는 현재는 시인에게 오히려 그리움을 가져다 주는 시간으로 환기된다. 결국 과거의 결핍은 현재의 시간을 채우는 밑거름임을 깨닫게 된다.

험준하지 않은 길 찾지 않았다

(중략)

삶은 어떤 곳에라도
정성들여 씨 뿌린
새 밭을
일군다면
꿈은 현실보다 강해서
희망이 어려움을 극복해준다고
나는 믿는다.

- <벽에 기대어 >부분

산골 아이 꿈은 왕이 되는 것이었다.
밥 세끼 공부할 형편도 안 되는데 꿈은 야물딱졌다
일기 노트 두 권 들고 서울에 상경하여
부잣집 개밥을 보고 침을 삼키며 뛰었다
(중략)

거여동에 게딱지 집 하나 소방도로 뚫리며
주공아파트 한 채 생겼다
복덕방 늙은이

자네 성공했네 불알만 차고 와서 군에 가기 전에

또 새벽이 왔구나
흑백사진 지금의 꿈
시인이 되는 것이다

- <흑백사진> 부분

먼 산 어둡던 구름 걷혀 가면
이슬이 물봉숭이에 매달려 웃는다

거미는 긴 대들보를 걸고 격자문 창틀을 만들고
얼기설기 서까래를 걸쳐 하늘이 잘 보이는 집을 짓는데

쌀이 있어야 밥을 짓지
아내는 한숨 같은 바람을 울린다
시뿌리를 캐보겠다고 높은 곳에 눈길 보내다
길 잃고 방황하는
(중략)
숭숭 뚫린 집으로
바람은 언제나 오고 간다

- <시인의 집>부분

세 편의 시들은 과거를 딛고 성장한 시인의 순환적 시간과 공간들을 보여준다. 시인이 시를 표현하는 대상은 시를 만들게 하는 소재일 뿐이지 시가 아니다. 시는 대상 속에 존재하지 않는다. 시 자체와 대상이 존재하는 공간은 서로 다르기 때문이다. 이 공간의 통일성에서부터 시는 생성되기 마련이다. 다시 말하자면 눈물이라는 소재로 시를 쓴다고 했을 때 과거에 슬펐던 여러 일들을 떠올려 본다. 이 일들은 과거의 시간과 공간 속에 있는 것들도 시의 소재가 될 수 있는 '슬픔'을 가지고 있을 뿐 시 자체는 아니라는 말이다. 슬펐던 과거의 일들은 그것을 시로 변화시켜줄 감각적 대상을 만나 비로소 시로 변모해간다. 시인이 능력없이 경험만으로 이루어질 수 없음을 알게 하는 부분이다.

박용섭의 시들은 과거의 시간과 공간을 소재삼아 현재의 작품들로 끌어내고 있다. 허기와 궁핍의 부족함은 현재에 이르러 그리움으로 변모해 과거의 결핍은 결국 현재의 그리움으로 채워감을 스스로 증명하고 있다. '삶은 어떤 곳에라도 정성들여 씨 뿌린 새 밭을 일군다'면 '희망이 어려움을 극복해준다'는 화자의 믿음은 유년시절의 결핍이 반드시 극복될 것이라는 기대감을 주었다. 그 기대감은 '왕이 되는 것'이 꿈이었던 아이에게 지금은 '시인이 되는 것'이라는 발전되고 변화된 충족을 알려준다. '밥 세끼 공부할 형편도 안되는데 꿈은 야물딱졌다'라는 구절에서 알 수 있듯 시인에게 허기나 결핍은 약간의 부족함이었을 뿐 좌절은 아니었다. 결핍은 채울 수 있다고 믿었으며 꿈은 꿀 수 있는 것이라 자신했다. '부잣집 개밥을 보고 침을 삼키'고 '잠자는 방은 없어도 되'었다. 결핍을 채우려 무던히도 노력하던 시인은 끝내 성공했다. '주공아파트 한 채 생겼'고 '자네 성공했네'라는 복덕방 늙은이의 한마디가 없다해도 시인은 한 순간도 게을리 살았던 적이 없다. '험준하지 않은 길'을 찾지 않으며 살아온 세월이었다.

실제적 상상력은 '그것에 관해서' 생각하는 것이 아니라 '그것을 생각하는 것'이라 할 수 있고 상징적 상상력은 오히려 '그것에 관해서'생각하는 것이다. 이 말은 곧 모든 사물은 있는 그대로 보여지는 그 자체로만 받아들이는 것이 아니고 다른 세계 속에서도 가능하고 이해할 수 있는 '사고 능력'이 된다는 말이다. 우리의 일상생활은 보통 보이는 것이 다인 세계이자 경험이 가능한 세계로 이루어진다. 그러나 우리 상상력은 보이지 않는 세계, 현실적으로 경험할 수 없는 불가능한 세계를 향해 있으며 그 세계를 꿈꾼다. 그러기에 그것은 꿈이고 상상력이다. 상상력은 어찌보면 상징적인 세계이며 허구와 진실을 동시에 의미한다. 박용섭 시인의 현실에는 늘 경험했던 허기가 있었지만 그의 상상력 속에는 결핍이 아니라 그것을 가득 채울 수 있는 꿈이 있었다. 경험이 가능했던 현실을 벗어난 시인은 진실이면서도 허구일 수 있는 '시인'을 꿈꾸며 끊임없이 현재를 메꾸어 미래를 향하고 있었다. '어제도 꿈을 꿨다'고 말하는 화자는 '지금의 꿈 시인이 되는 것'이라며 '그것에 관해서' 상징적 상상력을 게을리 하지 않았다.

앞서도 말한 바 있지만 시가 내면의 형태를 표현한

형상화라는 것을 기본으로 할 때 '먼 산 어둡던 구름 걷혀가면 이슬이 물봉숭이에 매달려 웃는다'는 말은 시인의 내면을 표출해낸 심리의 형상화로 충분하다. <시인의 집>을 비록 '쌀이 있어야 밥을 짓지'하며 한숨을 짓는 아내의 그림자가 있을지언정 '숭숭 뚫린 집으로 바람은 언제나' 오고 갈지언정 늘 꿈꾸어 왔던 '집'이다. 시인은 그것을 잘 알고 있었기에 형편도 안되는데 '꿈은 야물딱졌던' 것이다. 허기의 구멍도 꿈으로 메꾸어 왔던 시인이기에 '숭숭 뚫린 집'은 오히려 시詩의 상상력으로 채울 수 있는 또 하나의 목표가 된다.

시인은 배 속의 허기보다 '시 뿌리를 캐보겠다 길 잃고 방황했던' 날들이 더 뼈아프게 느껴졌기에 끝끝내 결핍의 시간들은 이처럼 시로 배부르게 차오르는 날이 왔다. 시를 쓰는 일은 언어를 캐내는 일이다. 감성이 풍부한들 언어가 없이는 완성될 수 없기에 시는 언어로 시작하여 언어로 끝나는 작업이다. 시인은 허기진 시간 속에서도 언어를 포기하지 않았다. 끊임없이 경험을 축적하고 정서를 연마해 내면세계를 갈고 닦아 삶을 '언어'로 표현하는 일을 끊임없이 반복해 왔다. 삶의 가치를 인정받는 것은 살아온 시간, 지나온 공간, 살아갈 시간과 공간에 이렇듯 새로운 의미를 부여할 때 가능하다. 읽는 것만으로도 배가 부르다. 이제 허기는 사라지고 결핍은 채워졌다. 쓰는 것만으로도 스스로 차오를 일만 남았다.

박용섭 시집 **내 책상에는 옹이가 많다**
초판인쇄 | 2017년 10월 9일
초판발행 | 2017년 10월 10일

지 은 이 | 박용섭
펴 낸 이 | 김선희
만 든 이 | 구자룡
펴 낸 곳 | 산과들

도서출판 **산과들**
경기도 부천시 원미구 중동로248번길 86 (중동) 706호
대표전화 010 · 6270 · 5557
pcadmac@chol.com
ISBN 89-90918-63-4 03810
값 10,000

※ 이 책은 부천시 문화예술발전기금을 받았습니다.